This sketchbook belongs to:

____

www.ingramcontent.com/pod-product-compliance
Lightning Source LLC
Chambersburg PA
CBHW081822200326
41597CB00023B/4346
* 9 7 8 1 9 5 0 2 6 3 2 8 8 *